EXPOSÉ

DE LA
SITUATION
DE L'EMPIRE FRANÇAIS,

PRÉSENTÉ

PAR S. Exc. LE MINISTRE DE L'INTÉRIEUR

AU CORPS LÉGISLATIF,

Le 2 Novembre 1808.

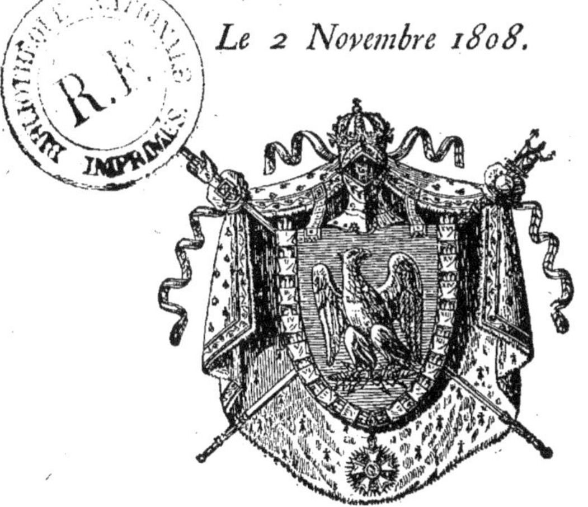

A PARIS,

DE L'IMPRIMERIE IMPÉRIALE.

NOVEMBRE 1808.

EXTRAIT DES MINUTES

DE LA SECRÉTAIRERIE D'ÉTAT.

Au Palais des Tuileries, le 29 Octobre 1808.

NAPOLÉON, EMPEREUR DES FRANÇAIS, ROI D'ITALIE, et PROTECTEUR DE LA CONFÉDÉRATION DU RHIN, avons nommé et nommons M. CRETET, Ministre de l'intérieur, et MM. SÉGUR et CORVETTO, Conseillers d'état, pour se rendre au Corps législatif, le 2 novembre, à une heure après midi, et faire l'exposé de la situation de l'Empire.

Signé NAPOLÉON.

Par l'Empereur :

Le Secrétaire d'état, signé HUGUES B. MARET.

EXPOSÉ

DE LA

SITUATION

DE L'EMPIRE FRANÇAIS.

Paris, le 2 Novembre 1808.

MESSIEURS,

VOUS avez terminé votre précédente session en laissant
l'Empire heureux et son chef comblé de gloire : une année
s'est écoulée, et une multitude de circonstances nouvelles ont
ajouté à la fortune de notre patrie, et accru ses espérances
en l'avenir.

Tout ce dont j'ai à vous entretenir est connu de vous,
Messieurs ; je n'ai pas à vous instruire, mais à retracer à votre

A

mémoire les principaux événemens qui ont rempli l'intervalle de vos deux sessions , et à rappeler à vos cœurs tout ce que la France doit de plus à la sagesse et à la valeur de son Souverain.

Je vous parlerai du premier des besoins des nations , *la justice ;* de l'instruction publique , des sciences et des arts , des branches nombreuses de l'administration intérieure , des cultes , des finances , et de nos principaux rapports avec les peuples du continent.

Ce récit nous ramenera sur cette guerre impitoyable et sans terme que nous soutenons contre un seul peuple. La gloire de notre nation le blesse , sa force l'alarme ; l'indépendance de son commerce et de son industrie l'inquiète. Tout est encore soumis au sort des armes ; mais les jours de justice ne sont pas éloignés.

JUSTICE.

Le maintien des grands États est fondé sur la conservation de la propriété ; elle est le lien réciproque entre les individus et leur Gouvernement ; la propriété est réglée et garantie par les lois civiles. Aussi le peuple qui a les meilleures lois civiles est-il celui pour lequel on peut présager le plus de bonheur. Loin d'avoir rien à envier à cet égard depuis que nous vivons sous le régime du Code Napoléon , nous voyons , et non sans un orgueil légitime , des peuples nombreux adopter ce Code , et partager avec nous cette précieuse conquête du siècle sur l'obscurité , la mobilité et la variété des anciennes législations.

La législation d'une nation célèbre qui gouverna le monde , nos propres usages , lorsque la raison et les mœurs modernes ont pu les avouer , composent aujourd'hui le plus grand des monumens de la sagesse ; il sera durable pour le bonheur des hommes et pour la gloire ineffaçable du génie qui l'a élevé.

Mais l'empire des lois les plus claires et les plus précises est malheureusement contesté ; leur sens véritable est méconnu par les intérêts qu'elles blessent , par la mauvaise foi qui les élude , et par la subtilité qui en dénature l'esprit et l'intention. Aussi les lois civiles n'ont-elles jamais pu préserver la propriété du fléau des procès ; il est même remarquable que ses ravages s'étendent sur-tout sur les nations les plus riches et les plus populeuses : les procès seraient-ils donc un moyen caché de poser des limites aux progrès de la civilisation ?

Les procès sont un art, et un art très-difficile, qui a ses combinaisons et ses principes ; ils deviendraient un abîme où s'engloutirait le bon ordre de la société, si le Code judiciaire n'eût soumis à son empire les conditions de cette guerre déplorable : cette loi est connue sous le nom du Code des procédures ; il faut le considérer comme le complément du Code civil, et le principal instrument de son exécution.

Qui ne connaît les cris des peuples contre les abus anciens des procédures? Qui ne sait comment les Français s'en sont expliqués lorsqu'ils ont pu le faire dans des assemblées nationales? Qui ne se rappelle que ces plaintes ont rempli leurs livres, et ont retenti, sous mille formes, sur leurs théâtres? Mais la chicane bravait de vaines clameurs, et ses désordres croissaient par l'absence d'une bonne loi sur les procédures. Grâces soient rendues au nouveau Code judiciaire, qui fait cesser tant de maux! La propriété est désormais sous la protection effective de la législation ; cette protection sera sincère ; elle ne sera plus décevante par ses résultats, et les frais des procès, limités dans de justes mesures , cesseront d'absorber la valeur des objets contestés, et de ruiner les familles sous les couleurs mensongères de la justice.

Le commerce a acquis une telle importance chez les nations modernes, que l'on a senti la nécessité de lui donner des lois séparées. La France jouissait des meilleures lois sur le commerce;

mais le temps y avait fait remarquer des imperfections : on res-
sentait sur-tout qu'elles étaient insuffisantes sur les faillites et les
banqueroutes. Le Code que vous avez décrété, Messieurs, dans
votre dernière session, a pourvu d'une manière efficace à la répression d'un délit devenu si commun par l'audace et la mauvaise
foi des débiteurs, par la faiblesse de leurs victimes, ou plutôt
par l'incapacité des lois. Ce Code acquiert une telle confiance
chez les peuples voisins, qu'un jour, peut-être, le commerce
européen se rangera sous le régime salutaire d'une législation
uniforme.

Le Code Napoléon, le Code judiciaire et le Code de commerce, complètent ainsi le système régulateur de la propriété:
mais les besoins de la société invoquent des lois d'un ordre
différent; je parle des lois criminelles. Chez les peuples peu
civilisés, ces lois sont simples, les jugemens arbitraires et les
punitions promptes; elles sont encore moins bonnes dans les
gouvernemens despotiques : mais pour les nations constituées
sur les conditions de la liberté individuelle et de la sécurité des
personnes, les lois criminelles forment un problème très-compli-
qué, qui n'a cessé d'occuper la sagacité des législateurs et des
philosophes.

Des questions innombrables qu'a fait naître la discussion de
ce problème, je ne vous parlerai que du jury employé dans le
Code que vous aurez à examiner dans la présente session.

L'institution du jury prit sa naissance au milieu des mœurs
simples de nos aïeux; le despotisme féodal la fit disparaître
de la France; elle fut se réfugier chez un peuple voisin, où
elle acquit une grande célébrité.

Ce peuple, après un long usage, a considéré le jury comme
le conservateur exclusif de la liberté individuelle, et même de la
liberté politique. Il a éprouvé qu'en confiant, dans les procès

criminels, le jugement du fait à la conscience du jury, à une réunion assez nombreuse de citoyens éclairés, rendus impartiaux par le droit des récusations, indépendans de toute autorité, et intéressés à l'intégrité de leurs fonctions par la possibilité entrevue d'être à leur tour amenés en jugement; il a éprouvé, dis-je, que le jury était un moyen de rechercher la vérité, préférable à celui de juges inamovibles, difficilement récusables, souvent endurcis par l'habitude de leurs terribles fonctions, exposés à l'inattention par la fatigue, dépendans de l'autorité qui les institue, et dépendans encore de certaines maximes de profession, de certaine jurisprudence de corps, susceptibles quelquefois d'obscurcir la raison.

Soit sentiment d'imitation, soit conviction, la révolution fut le signal d'un vœu universel en faveur du jury : cet enthousiasme s'explique encore par le souvenir d'une magistrature qui, en s'élevant, s'était trop éloignée du peuple, et qui, par des formes hautaines, donnait à ses jugemens, d'ailleurs impartiaux et éclairés, les apparences effrayantes de l'arbitraire et de l'absolu.

L'Assemblée constituante répondit au vœu de la France, et le jury fut établi; mais, oubliant que l'action d'un instrument aussi simple devait être dégagée de toute complication, on tenta de perfectionner le jury par des formes étrangères à son essence. Au lieu d'une déclaration précise de *oui* ou *non* sur le fait du délit et sur la culpabilité de l'accusé, on crut devoir diviser la question principale en une multitude de questions dérivées, et pénétrer dans la conscience des jurés, à l'aide de l'analyse la plus difficile, la moins sûre et la moins propre à obtenir de bons résultats.

C'est dans cette position du jury en France, que le Conseil d'état a dû examiner les moyens de l'améliorer. Vous présumez, Messieurs, quelle part SA MAJESTÉ a prise à un examen qui réclamait autant le secours de son génie. Là ont été jugés les reproches élevés contre le jury ; ses erreurs ont été comptées ; en les appréciant, on s'est convaincu qu'elles avaient pris leur source dans l'imperfection de son institution, dans le choix souvent imprudent des jurés, et dans la perte de leur indépendance, aux époques où tout était sous le joug oppresseur des factions.

Le projet de Code criminel qui vous sera présenté, rend la belle institution du jury à toute sa pureté. Dégagée des faux appuis dont des innovations indiscrètes l'avaient entourée, elle continuera à protéger les bons, à punir les coupables, à garantir la société contre le crime, et à conserver la sécurité à l'innocence.

Vous aurez, au surplus, l'occasion de reconnaître parmi les changemens importans qui vous seront proposés, la suppression du jury d'accusation. L'expérience a démontré qu'il est inutile et même nuisible, qu'il ne donne aucune garantie réelle, qu'il entrave la marche et l'activité de la justice dans la recherche des délits ; et vous jugerez que le système d'accusation qui vous est proposé lui est infiniment préférable.

Le Gouvernement ne s'est pas borné à préparer à la nation le bienfait des lois les plus sages ; il a, depuis votre session dernière, cherché à assurer leur exécution.

L'ordre judiciaire réclamait une attention toute particulière ; il fallait concilier la nécessité de son indépendance et de l'inamovibilité des fonctions, avec les précautions qui devaient mettre à l'abri de la surprise des premiers choix.

Le sénatus-consulte du 16 octobre 1807 soumet les juges à une épreuve préalable de cinq ans, terme suffisant pour reconnaître leur capacité et leur intégrité.

Une retraite a été préparée aux juges que l'âge ou les infirmités mettent hors d'état de siéger dans les tribunaux. Des auditeurs ont été établis auprès des Cours d'appel. Choisis dans des familles vouées à la carrière de la magistrature, et placés par leur fortune dans une convenable indépendance, ces jeunes auditeurs, assis à côté de l'expérience, deviendront à leur tour des magistrats éclairés et dignes de la confiance publique.

Les avoués de Paris ont subi une utile réforme dans leur nombre, réforme tempérée par des dédommagemens ménagés à ceux qui n'avaient pas démérité.

CULTES.

L'insuffisance du nombre des ministres des autels a excité l'attention du Gouvernement. Six mille succursales nouvelles ont été mises à la charge du trésor public : on en compte maintenant trente mille. Réunies à trois mille trois cent cinquante et une cures, elles pourvoient avec étendue aux besoins spirituels des fidèles du culte catholique. Pour favoriser l'éducation des sujets qui se destinent à l'état ecclésiastique, et préparer aux pasteurs des églises de l'Empire, des successeurs qui imitent leur zèle, et qui, par leurs mœurs et leur instruction, méritent également la confiance des peuples, huit cents bourses de 400 fr. chacune, et seize cents demi-bourses, ont été réparties entre tous les séminaires de la France.

Ainsi se complète l'établissement religieux dans l'Empire : le concordat a rétabli une paix inaltérable entre le trône et l'autel ; la source des débats qui furent si dangereux tant que l'on supposa deux puissances, est désormais tarie. L'autorité du Souverain n'est plus arrêtée dans son action ; l'indépendance de l'État et de l'Église de France n'est plus menacée par des maximes étrangères. Le Concordat, cet acte de paix si célèbre, a fixé pour toujours le respect et la fidélité envers le culte le plus généralement établi, et consacré la tolérance des autres cultes.

Les citoyens n'ont plus à répondre, à cet égard, qu'à leur conscience, cet asile inviolable de la liberté de l'homme.

Le Code Napoléon, ce monument de sagesse, a restitué aux lois civiles le pouvoir de régler et d'administrer l'état des membres de la société; c'est devant elles qu'ils contractent leurs plus importans engagemens, qu'ils entrent dans le corps social par la naissance, qu'ils y forment les liens sacrés du mariage, et qu'ils en sortent au terme de leur existence. Les lois n'admettent pour ces actes, rien au-delà des conditions qu'elles prescrivent, et rien de ce qui appartient à l'empire des opinions religieuses. Les formes que les cultes commandent s'accomplissent librement : ainsi se concilient les devoirs envers la loi et l'exercice des droits de la conscience.

Telle est la position de la France, heureusement remise sous les douces lois de l'évangile, sous la doctrine de l'Église, et sous son union sincère avec son chef visible.

SCIENCES ET LETTRES.

Après la religion, dont les principes et la morale, puisés dans une source divine, tendent à rendre l'homme meilleur et plus sociable, un des plus puissans moyens d'arriver au même but, est la propagation des sciences et des lettres, auxquelles les peuples civilisés doivent leur perfection; l'industrie, ses plus précieuses découvertes; l'esprit, ses plus douces et ses plus nobles jouissances.

Quel Souverain a jamais été, plus que l'Empereur, pénétré de cette vérité? Quel Monarque s'est plu, comme lui, à s'entourer de tous les arts et de toutes les sciences, à les interroger séparément, à prendre connaissance de leur état, à s'informer des moyens les plus sûrs d'entretenir l'émulation parmi les savans et les artistes, et de diriger leurs efforts vers le but le plus utile?

Combien

(9)

Combien elles furent intéressantes, Messieurs, ces séances où les quatre classes du corps illustre qui honore la France, vinrent aux pieds du trône mêler leurs paisibles trophées aux nobles trophées de la victoire !

Je crois encore entendre ces députés des lettres, des sciences et des arts, payer l'éloquent tribut de leurs hommages, et, dans les transports d'une respectueuse gratitude, prendre d'honorables engagemens qu'ils tiendront, n'en doutons pas, eux et leurs successeurs.

Ils ont déroulé sous les yeux de Sa Majesté le vaste et curieux tableau des connaissances humaines et des productions qui ont distingué les vingt années qui viennent de s'écouler.

Vous les avez parcourus ces tableaux; vous avez vu, avec une satisfaction mêlée de surprise, que, dans cet intervalle de temps, malgré le malheur des discordes civiles, les sciences physiques et mathématiques ont fait des pas immenses, et l'industrie, de grands progrès; que les arts, et particulièrement la peinture, ont brillé parmi nous d'un nouvel éclat; que la littérature ancienne et moderne a été cultivée avec succès ; qu'enfin nous nous sommes soutenus dans tous les genres dans lesquels nous n'avons pas acquis de nouveaux titres de gloire.

A qui en sommes-nous redevables, Messieurs, si ce n'est au héros dont l'ascendant a comprimé toutes les factions, au vainqueur dont les triomphes nous ont enrichis de tant de chefs-d'œuvre, au général savant et éloquent qui siégeait à l'Institut avant de s'asseoir sur un des premiers trônes du monde?

Bientôt son auguste main, qui distribue des sceptres, ne dédaignera pas de poser la couronne sur le front des vainqueurs, dans la solennité de la distribution des prix décennaux.

C'est dans le mois de novembre de l'année qui va suivre, le jour même de l'anniversaire du 18 brumaire, que la France sera témoin de cette fête pompeuse, dont 'e retour rappellera au siècle présent et aux siècles à venir, une époque mémorable et les bienfaits innombrables d'un règne immortel.

Quoi de plus propre à enflammer le génie ? Quel enthousiasme doit exciter parmi les concurrens de toutes les classes, l'annonce d'une cérémonie plus brillante encore que les jeux célèbres de l'antique Grèce !

Et combien l'émulation ne doit-elle pas enfanter de prodiges parmi nous, lorsque tant de moyens s'offrent à elle pour parcourir la noble carrière des sciences et des arts !

Le Musée Napoléon s'est enrichi d'un grand nombre d'objets venus de l'Allemagne : les monumens de la Villa - Borghèse manquaient à cette immense réunion des chefs - d'œuvre de l'antiquité : une main libérale en a fait l'acquisition ; ils se rassemblent, et vont être offerts à l'admiration publique.

Le Muséum d'histoire naturelle présentera bientôt, dans de nouvelles galeries que l'on construit en ce moment, les précieuses collections récemment rapportées par de savans voyageurs.

La commission d'Égypte continue ses travaux ; rien n'a été négligé pour que, sous le rapport des arts et des sciences, le résultat d'une expédition aussi remarquable soit présenté avec les développemens les plus complets. Un volume de cet ouvrage doit incessamment paraître.

D'autres entreprises savantes ont été encouragées ; et dans toute la France, les bibliothèques publiques ont été multipliées ou augmentées.

INSTRUCTION PUBLIQUE.

Si la morale privée pouvait suffire à l'homme dans l'état de société, les préceptes de la religion, les lumières de la raison, l'exemple, ses intérêts bien entendus, et le bienfait de sa création,

qui l'a formé bon , rendraient peut-être superflues les institutions publiques chargées de le placer ou de le maintenir dans
les voies de la vertu.

Mais, réunis en société , les hommes sont tenus à tant de
devoirs, assaillis de tant de passions , enveloppés de tant d'erreurs , ils sont appelés à faire un emploi si varié de leur intelligence, que, dans une situation aussi compliquée , leurs facultés
naturelles ne leur suffisent plus. L'instruction et l'éducation
doivent aider leur faiblesse, régler leur direction, et devenir
leurs guides dans le chemin de la vérité.

La vérité est *une* par essence ; mais sa recherche est difficile.
Les moyens de la trouver doivent aussi , pour être efficaces,
tirer leur force de *l'unité,* c'est-à-dire qu'ils doivent être réglés
par des principes *uniformes.*

Des méthodes différentes peuvent servir dans l'enseignement
des arts , des sciences et des autres connaissances humaines ;
mais il n'en faut qu'une pour former le citoyen à l'amour de
sa patrie , au respect pour les lois, et à toutes les vertus publiques. Encore ne suffit-il pas d'enrichir son intelligence de tout
ce qui est vrai ; il faut aussi la préserver de tout ce qui est faux :
il ne suffit pas de lui enseigner comment il sera bon ; il faut plus,
il faut qu'il ne devienne pas méchant.

L'instruction est destinée à lui indiquer le bien, et à signaler
le mal. Elle triomphera d'autant plus sûrement, que ses forces
seront concentrées dans *l'unité* de but et de moyens. Elle n'est pas
seulement l'instrument propre à perfectionner la raison ; elle est
encore la garantie de l'établissement social. Tout pays où il n'y
aura qu'une opinion sur la Constitution, le Gouvernement et les
lois, sera préservé des dissensions civiles, ou, tout au moins, du
caractère dangereux qu'elles pourraient contracter. Pour assurer
d'aussi grands avantages , le Gouvernement, qui veille et agit

pour la société entière, doit diriger et surveiller l'instruction publique; il doit faire marcher de front, quoique séparées, l'éducation civile et l'instruction religieuse. Destinées à se prêter de mutuels secours et à rivaliser de succès pour le bonheur de l'homme, leur double direction sera indépendante; on ne les verra désormais ni se heurter, ni tenter de se dominer : heureuse alliance vainement recherchée jusqu'à ce jour, et qu'il faut regarder comme consommée par les combinaisons profondes, et la distribution des moyens établis par les constitutions de l'Université !

S'il fallait chercher les avantages de l'unité de l'enseignement, on trouverait l'exemple des anciennes universités et des grands corps enseignans : mais on y verrait en même temps combien la part trop faible de l'autorité souveraine dans la direction de l'instruction produisit de désordres; combien de fois la paix publique fut inquiétée et compromise; combien de fois encore les citoyens furent égarés et détournés de leurs devoirs exclusifs envers la patrie, par des opinions dangereuses et un pouvoir sans droits et sans modération.

L'Université aura la force de l'unité, sans partager aucun des inconvéniens des anciennes institutions. Sa surveillance s'étendra sur les plus faibles élémens de l'instruction; elle l'accompagnera dans tous ses développemens. Son action sera simple et sûre, parce qu'elle aboutit à un seul chef, le grand-maître, magistrature éminente, nouvellement créée, et dès-à-présent si dignement remplie par un des principaux fonctionnaires de l'Empire ! L'Université fournira des professeurs dans tous les degrés; elle les formera, dans le sein d'une école normale, à l'art si difficile d'enseigner. Elle leur préparera une carrière honorable, et rassurera leur existence contre les malheurs des infirmités et de l'âge.

Enfin l'Université, libre dans l'usage de tous les bons moyens de transmettre les connaissances humaines et de les étendre, ne s'apercevra de sa dépendance de l'autorité publique, que dans le cas où elle s'égarerait en exerçant une action contraire à l'intérêt public et au bon ordre de la société.

En couronnant ainsi le faîte du majestueux édifice de l'instruction publique, élevé par six années de travaux non interrompus, le Gouvernement n'a pas dédaigné de descendre dans les détails de ce vaste monument.

Quelques cités réclamaient encore des écoles secondaires; leur vœu a été rempli. A peine existe-t-il aujourd'hui une ville qui ne possède des moyens d'instruction proportionnés à ses besoins.

Les écoles de droit justifient de jour en jour la confiance qui leur est accordée.

Huit nouveaux lycées ont été mis en activité, et douze cents nouveaux élèves ont été appelés à partager le bienfait de l'éducation gratuite.

Par-tout où l'EMPEREUR a porté ses pas, ces heureux asiles de la jeunesse ont été honorés de son auguste présence. Combien les élèves ont dû sentir le prix d'un si noble encouragement! quelle source pour eux de glorieux souvenirs!

La création des bourses communales assure à jamais la prospérité des lycées.

Destinées à être la récompense du travail, elles présentent aux élèves des écoles secondaires un puissant motif d'émulation, et aux villes la certitude de voir leurs enfans recueillir le fruit des sacrifices qu'elles ont faits.

Dans l'énumération des objets qui tiennent aux sciences et aux arts, je ne dois point oublier les théâtres, dont l'influence sur l'esprit et sur les mœurs de la nation peut, bien dirigée, devenir si avantageuse et si étendue. Dans la capitale, plusieurs suppressions et des déplacemens reconnus nécessaires ont diminué une concurrence nuisible , ont rapproché de quartiers importans , qui en étaient privés, les ressources d'un utile délassement ; et dans les départemens , des arrondissemens assez étendus ont formé vingt-cinq directions.

Plus nécessaires dans leur objet , plus sérieuses dans leurs moyens, les études relatives à la médecine, à la chirurgie et à la pharmacie, ont reçu de nouveaux moyens d'extension. Des cours théoriques et pratiques ont été ouverts auprès des hôpitaux, dans les villes d'Angers , de Caen , Marseille , Nantes , Bordeaux , Reims et Dijon. Les officiers de santé et les sages-femmes y puiseront une instruction d'autant plus solide et d'autant plus sûre , que les uns et les autres sont tenus à en pratiquer les leçons au service des hôpitaux.

ADMINISTRATION CENTRALE.

L'administration intérieure de la France présente à la sollicitude du Gouvernement une immense variété d'objets qu'il ne peut embrasser dans son étendue sans la plus constante application. Cependant chacune des parties de ce grand ensemble a reçu des soins particuliers.

Pour mieux apprécier les besoins des diverses contrées de son Empire , Sa Majesté les parcourt successivement chaque année.

Dans ces utiles voyages , elle daigne réunir auprès d'elle les fonctionnaires des différens ordres de l'État; elle juge par elle-même de leur degré de capacité; elle les interroge sur les abus et sur les améliorations possibles.

Le négociant , le fabricant, l'agriculteur expriment librement leurs vœux.

L'Empereur voit par lui-même l'intérieur des cités , l'état des campagnes , les établissemens de toute espèce , les manufactures , les ateliers. Son génie, qui se plie à tout, lui fait découvrir par-tout et les vices et les moyens de perfectionnement.

C'est ainsi que SA MAJESTÉ a parcouru, dans le cours de cette année, les départemens situés au-delà des Alpes, ceux du sud-ouest de la France, et la partie de ses États qui conduit à Erfurt.

Et comme il lui devient impossible de faire un pas en Europe sans retrouver d'illustres souvenirs, en visitant le royaume d'Italie, elle a revu le premier théâtre de sa gloire ; dans le Piémont et dans l'Allemagne, elle a traversé les champs à jamais célèbres de Marengo et d'Iéna.

Par-tout des institutions utiles, des ordres donnés pour des travaux importans, des concessions inespérées, lui attirent les bénédictions des peuples, et laissent dans les cœurs des traces ineffaçables.

Les départemens du ci-devant Piémont et de la Ligurie, confiés au gouvernement d'un prince né en Italie, allié à la famille impériale, semblent tenir à la France par des nœuds plus étroits qu'auparavant.

Bordeaux, déjà si fier d'avoir possédé son Souverain, va s'enorgueillir encore d'un grand nombre de monumens publics.

Montauban, oublié dans la division territoriale de l'Empire, doit devenir le chef-lieu d'un nouveau département.

Baïonne, Toulouse et Nantes ne peuvent se rappeler le sé-jour de SA MAJESTÉ sans les plus vifs transports ; et Mayence, favorisé plusieurs fois de la présence de l'EMPEREUR, fait tou-jours éclater la même alégresse.

Quels résultats, Messieurs, doivent suivre de semblables voyages ! Combien ils sont propres à éclairer le Gouvernement, à attacher les peuples, à maintenir le zèle des magistrats, à dé-velopper tous les moyens de prospérité !

A la suite d'un de ces voyages, l'Étrurie, cette ancienne patrie des arts, a été réunie à la France, et associée à tous les avantages d'un Gouvernement protecteur et fort, qui saura fixer les destinées si long-temps mobiles de cette contrée florissante.

Une commission, sous le nom de *junte*, est chargée d'étudier les ressorts de la précédente administration de la Toscane, de les plier avec ménagement à leur usage futur; enfin, de préparer le pays au régime sous lequel il doit vivre bientôt.

Les États de Parme et Plaisance, devenus le département du Taro, cessent de faire une exception au système administratif de l'État.

Les villes de Wesel et de Flessingue sont réunies à l'Empire.

Ces différentes acquisitions ont bien moins pour objet l'agrandissement du territoire, que l'avantage d'une frontière plus forte, et l'intérêt du commerce attaché à la possession d'une plus grande étendue de côtes et d'un plus grand nombre de ports.

ÉTABLISSEMENS DE BIENFAISANCE, &c.

Je dois maintenant, Messieurs, entrer dans des détails administratifs qui, pour s'appliquer à de moins grands objets, n'en exciteront pas moins votre attention, puisqu'ils touchent de très-près au bien-être de la société.

L'administration des hospices se présente d'abord. Une exacte surveillance a été exercée sur ces asiles de la douleur, de l'indigence et de la vieillesse. L'emploi des ressources a été fait avec économie; et grâces à la juste confiance qu'inspirent les commissions administratives des hospices, grâces à la sagesse du Gouvernement, ces ressources se sont accrues d'un capital de 3,000,582 fr., produit de legs et de donations.

La pensée de SA MAJESTÉ, fixée depuis long-temps sur les services rendus aux indigens et aux malades par les sœurs de la charité, s'est manifestée, d'une manière éclatante, par l'auguste

protection

protection sous laquelle elle s'est plue à placer ces congréga-
tions, par la réunion de leur chapitre général sous la présidence
de son Altesse impériale Madame Mère, et par les concessions
considérables qui leur ont été faites.

Les établissemens d'eaux minérales qui existent dans les Pyré-
nées, ont été, à l'époque du voyage de l'Empereur dans ces
contrées , placées sous un nouveau système d'administration
propre à les améliorer et les étendre.

La même prévoyance, qui embrasse tout, a mis à la dispo-
sition du ministre de l'intérieur un tiers des fonds de non-
valeur de chaque département , pour secourir les victimes de
la grêle, des incendies , des tremblemens de terre, et des inondations de rivières ou des ravages de la mer.

La ville de Spa , plusieurs parties du département du Pô ,
Flessingue, les départemens de l'Escaut, de la Dyle et des Deux-
Nèthes , ont eu spécialement part à des secours considérables ,
et les accens de leur reconnaissance ont retenti autour du trône.

De grandes et importantes mesures ont été prises pour la
répression de la mendicité. Chaque département aura dans son
sein un dépôt où ses indigens trouveront un asile , la subsis-
tance et de l'ouvrage; établissement paternel où la bienfaisance
tempérera la contrainte par la douceur , maintiendra la disci-
pline par l'affection , ramenera au travail en réveillant les sentimens d'une honte salutaire.

Ces institutions recevront leur exécution dans un court délai.
Pour prix de ces efforts, le Gouvernement a la confiance que,
dans quelques années , la France offrira la solution, cherchée
inutilement jusqu'ici, du problème de l'extinction de la mendicité dans un grand État.

Les indigens qu'il n'aura pas été possible de rappeler à
des occupations honnêtes, et qui seront trouvés hors de leur

C

département exigeant l'assistance publique, seront renfermés dans des maisons centrales de détention. Le décret du 16 juin dernier ordonne la formation de neuf de ces maisons dans l'Empire, indépendamment de celles qui existaient déjà. Les mendians vagabonds et les criminels condamnés par les tribunaux y seront détenus séparément : tous y seront contraints à un travail dont les produits tourneront à l'amélioration de leur sort, et diminueront les dépenses de l'administration.

Les prisons elles-mêmes sont dans un état moins fâcheux; des constructions et des réparations ont été exécutées dans un grand nombre de départemens, pour les rendre plus sûres et plus salubres.

Mais le Gouvernement est loin de considérer comme suffisantes ces premières améliorations; il sait trop, pour ne pas s'en occuper, que le plus grand nombre des prisons exigent une création nouvelle : elle est réclamée par la pitié, en faveur des détenus coupables, et par tous les sentimens de justice et d'humanité, envers les innocens.

TRAVAUX PUBLICS; BATIMENS CIVILS.

D'autres besoins ont déterminé d'autres travaux. Au sein de Paris, de vastes greniers d'abondance s'élèvent sur l'emplacement de l'Arsenal. On s'occupe de préparer au commerce des vins un immense entrepôt sur le quai Saint-Bernard.

Les projets de reconstruction de la coupole de la Halle aux blés sont arrêtés; quatre marchés transférés, ou à la veille de l'être, dans des emplacemens commodes et couverts, rendent à la circulation les rues précédemment embarrassées.

Les efforts ne s'arrêtent pas aux objets de nécessité et d'utilité. Les travaux qui doivent embellir Paris et en faire la première ville du monde, se poursuivent avec constance.

démolition des maisons du pont Saint-Michel et des rues adja-
centes a reçu en grande partie son exécution.

Je ne vous entretiendrai, Messieurs, ni des constructions
immenses et actives du Louvre, ni de la colonne de la Grande-
Armée, érigée sur la place Vendôme, ni du temple de la Gloire,
ni de l'arc de triomphe de l'Étoile et des travaux de la place
du Carrousel ; chacun de ces ouvrages, poussé avec le degré
de célérité qu'il comporte, frappe tous les jours vos regards,
excite à chaque pas votre admiration.

Le Corps législatif lui-même s'associe à ces nobles entreprises :
votre palais, Messieurs, sera bientôt l'un des ornemens de la
capitale.

Plus de quarante fontaines nouvelles vont distribuer leurs
eaux salubres ; et nous touchons au moment où le canal de
l'Ourcq parcourra, d'un côté, l'intervalle qui sépare le bassin
de la Villette des anciens fossés de la Bastille, et répandra, de
l'autre, l'abondance de ses flots dans la ville entière.

PONTS ET CHAUSSÉES.

Les quais des Invalides, Napoléon et du Louvre, promettent
ou procurent déjà la régularité du coup-d'œil sur la rivière, des
facilités de communication, et un encaissement propre à pré-
venir les inondations.

Le pont en pierre d'Iéna fait des progrès ; celui qui doit
remplacer le pont en bois de Sèves est entrepris ; la restaura-
tion et l'élargissement du pont de Saint-Cloud vont commencer.

Dans les départemens, cette année a vu terminer le pont de bois
sur le Rhin à Kelh, élevé rapidement, construit avec hardiesse ;
le public jouit du pont de Tilsitt à Lyon, de celui du Roubion à
Montélimar, de celui d'Auberive entre Lyon et Valence.

Outre les fonds destinés à pourvoir à l'entretien des routes ;

déjà sensiblement ménagées par l'usage des roues à jantes larges; des fonds spéciaux du trésor public, des contributions locales, pourvoient à des créations d'un grand intérêt.

Les routes de Baïonne à Bordeaux, et une partie de celle de Paris en Espagne, offraient dans les petites landes des intervalles difficiles à franchir; une somme de 800,000 francs est destinée à remplir ces lacunes.

Les routes gigantesques du Simplon et du Mont-Cenis reçoivent les derniers perfectionnemens. Le Mont-Genèvre acquiert une nouvelle importance par le décret de Sa Majesté, qui, ordonnant l'ouverture de communications entre Cezane et Fenestrelle, entre Ceva et Carcare, crée le chemin le plus direct entre le midi de l'ancienne France et les ports du golfe de Gènes. Des travaux ont déjà été exécutés.

Dans peu de mois, les voitures circuleront de Savone à Alexandrie. Plusieurs parties de cette route ont un caractère de grandeur digne du siècle.

A la fin de la campagne prochaine, on communiquera facilement de Savone à Gènes par une route presque sans pente, ménagée avec un art qui a triomphé d'obstacles réputés insurmontables.

De nouvelles difficultés, de nouveaux succès, attendent les ingénieurs dans les Apennins. Sa Majesté a ordonné, et ces montagnes vont être aplanies dans différens sens.

Dans les départemens de la Sarre et de la Moselle, la route de Paris à Mayence s'exécute : 1,400,000 fr. y ont été affectés depuis la dernière session.

Dans le département de l'Escaut, Gand et Breskens, points d'embarquement pour Flessingue, vont être réunis par une chaussée qui traversera toute une contrée fertile, et facilitera l'exportation de ses riches produits.

Le curement des ports de commerce de Marseille, de Cette et de Honfleur a été continué : les fondations de l'écluse de Dieppe sont avancées ; l'écluse de chasse du Havre est assise ; l'écluse d'Ostende et les autres travaux de ce port, doublement utiles comme ouvrages maritimes et comme moyens de desséchement, font de grands progrès ; le creusement du bassin à flot d'Anvers sera bientôt terminé : chaque année une portion de quais s'exécute ; le port d'Aiguesmortes sera rétabli à l'aide des fonds votés par le conseil général du département du Gard, et SA MAJESTÉ a elle-même présidé, sur les lieux, à la confection d'un projet qui a pour objet de faciliter l'entrée du port de Baïonne.

Un grand ensemble de desséchement des marais se prépare ; il sera dû à la loi du 16 septembre 1807. Des informations et des reconnaissances sont parvenues de beaucoup de départemens de l'Empire.

Cependant les desséchemens procurés par les polders de l'Escaut, par les digues de Blankenberg, de Noirmoutiers, le desséchement des marais d'Arles, du Cotentin et de Bourgoing, sont l'objet de travaux et d'efforts annuels.

L'atmosphère de Rochefort est sensiblement purifiée ; la mortalité y diminue : les rues de la ville sont pavées, des eaux potables y arrivent, des terrains précieux sont défendus des submersions.

Les levées de la Loire, les digues du Rhône, les épis du Rhin, sont des objets constans de soins et de dépenses. Un certain nombre d'écluses sont en construction pour racheter des chutes trop rapides sur plusieurs rivières navigables ; un canal est creusé dans Troyes, et beaucoup d'ouvrages sont commencés pour faire remonter la navigation de la Seine le plus près possible des sources de ce fleuve.

Des projets sont étudiés pour l'amélioration de la navigation du Tarn, de la Bayse, du Gers; pour la confection du canal de l'Adour à la Garonne, pour la jonction de la Seine à la Meuse par l'Aisne et la Bar, et pour celle du Pô au golfe de Gênes par la Bormida.

Les travaux du point de partage du canal d'Ile et Rance sont achevés; le canal de la Haisne, entre Mons et Condé, se poursuit: celui d'Aiguesmortes, à Beaucaire, touche à sa fin, par la construction de son écluse de prise d'eau dans le Rhône, puissant et dernier effort d'une compagnie d'actionnaires! On adjuge les fouilles de celui de Dieuse à la Sarre, destiné principalement à desservir le transport du combustible précieux que fournissent les mines de Sarrebruck, et le transport des riches produits des salines du département de la Meurthe.

Le canal de Saint-Quentin est attendu avec impatience par le commerce, pour compléter le système de communication par eau de Nantes et du Havre avec Anvers. Vous le trouverez en pleine activité, Messieurs, à votre prochaine session.

La navigation de la portion du canal de Bourgogne qui se trouve entre Saint-Jean-de-Losne et Dijon, sera ouverte avant la fin de votre session actuelle.

Le canal de la Saone au Rhin, qui joindra Marseille et Amsterdam, ce canal, jugé digne de porter le nom de NAPOLÉON, se continue sur deux points, entre Dôle et Besançon, et entre Mulhausen et le Rhin. On travaille au grand canal du Nord, qui ne fait qu'un seul fleuve de l'Escaut, de la Meuse et du Rhin, et qui vivifiera des pays privés de communications.

Une conception des plus heureuses a déterminé la vente du canal des Deux-Mers, de ceux du Centre, d'Orléans et de Loing. Les fonds en seront versés à la caisse d'amortissement, pour servir aux immenses constructions des canaux dont je viens d'avoir l'honneur de vous entretenir : ceux-ci seront vendus à leur tour pour de nouvelles créations du même genre.

Ainsi, sans surcharges extraordinaires, sans sacrifices, la France acquerra l'avantage d'être traversée en tous sens par des rivières artificielles qui réuniront celles que la nature s'est plue à nous donner.

Ainsi, les contrées les plus éloignées communiqueront entre elles par la navigation ; et ce grand système de routes par eau, combiné avec celui des routes par terre, embrassera toutes les contrées, tous les produits, tous les objets de commerce. La circulation la plus active, due à ces nombreuses ramifications de veines et de vaisseaux, portera la vie, du centre de la France aux extrémités les plus éloignées ; et, par une heureuse réaction, y rapportera les mêmes principes de vie, d'abondance et de prospérité.

INDUSTRIE.

Parmi les arts industriels qui ont fait des progrès dans le cours de cette année, on doit compter la fabrication du fer-blanc. Dans deux de nos manufactures, nous sommes parvenus à en obtenir qui ne le cède en rien à celui des Anglais. Une prime d'encouragement a été accordée ; une prime semblable est promise aux efforts qui seront encore tentés dans le même genre.

Les mécaniques, en procurant une économie de main-d'œuvre considérable, ajoutent souvent aussi à la qualité des tissus. Celles qui servent à travailler le coton se sont multipliées depuis plusieurs années ; l'esprit d'invention les a perfectionnées. Il n'est plus rien que l'on ne sache faire et très-bien faire. Le tissage du coton a fait des progrès tout aussi marquans que la filature. Ces deux genres d'industrie suffisent, et au-delà, à la consommation de l'Empire ; il est pour toujours délivré de l'impôt accablant qu'il payait aux manufacturiers de l'Inde, ou plutôt à leurs maîtres, à leurs oppresseurs. Les machines propres à façonner et à fabriquer les draps, sont déjà très-répandues ; elles viennent d'être encouragées par des avances faites ou offertes à plusieurs fabricans des départemens.

Le conservatoire des arts et métiers s'enrichit par l'acquisition de nouveaux modèles, et se rend recommandable par l'instruction qu'y reçoivent les élèves qui fréquentent son école de dessin et de géométrie descriptive. Des réformes ont été faites dans l'école de Châlons-sur-Marne.

Les chambres consultatives des manufactures et fabriques s'empressent de présenter des vues utiles, qui seront mises à profit. L'institution des prud'hommes, dont l'objet est de décider avec célérité les différens qui peuvent s'élever entre les ouvriers et ceux qui les emploient, rend à l'industrie des services qui ont été appréciés. Depuis votre dernière session, Messieurs, un certain nombre de villes en ont demandé ; il en a été établi à Nîmes, à Aix-la-Chapelle, à Avignon, Troyes, Mulhausen, Sedan et Thiers.

COMMERCE.

Les événemens politiques ont été peu favorables au commerce : il conservait encore quelque activité au milieu des débats qui ont ensanglanté le continent, parce que les peuples qui n'étaient pas engagés dans la guerre, conservaient leur neutralité, ce droit réputé inviolable jusqu'à ces derniers temps. Mais la législation anglaise, égarée déjà par quelques abus heureux, par l'ambition du monopole universel, a renversé les antiques barrières du droit des gens, foulé aux pieds l'indépendance des nations, et proclamé les principes d'un nouveau droit maritime. Les ordonnances de sa Majesté britannique ont réalisé ces innovations ; celle du 11 novembre 1807 est sur-tout remarquable ; elle prononce, par un blocus universel, l'interdiction de

tous

tous les ports, en assujettissant les bâtimens des puissances neutres, amies et même alliées de l'Angleterre, à être visités par ses croiseurs, conduits dans les ports britanniques, et taxés à une imposition arbitraire.

L'Empereur, obligé d'opposer de justes représailles à cette étrange législation, rendit le décret du 23 novembre, qui ordonne la saisie et la confiscation des bâtimens qui, après avoir touché en Angleterre, entreront dans les ports de France.

De ces mesures, provoquées par les lois britanniques, a dû résulter la presque absolue cessation des relations maritimes, et beaucoup de privations pour les commerçans, les manufacturiers et les consommateurs français. On sait avec quelle résignation ces privations ont été supportées ; on sait qu'elles deviennent déjà une espèce d'habitude ; qu'elles ont provoqué le génie de l'invention, et fait naître mille ressources pour remplacer les objets dont nous manquons ; on sait enfin qu'une grande nation, essentiellement agricole, peut, en possédant abondamment tous les objets utiles, se passer facilement de ceux qui n'appartiennent qu'à certaines commodités de la vie, lorsque sur-tout il y va de sa gloire et de son indépendance.

Ces circonstances ont accru l'un des plus grands fléaux du commerce, la contrebande ; mais elle a été fortement comprimée. Le Gouvernement prépare de nouveaux moyens contre cette ennemie des finances publiques et de l'industrie nationale. Les bénéfices qu'elle procure excitent la plus ardente cupidité : des hommes, qu'on ne doit pas appeler négocians, pour ne pas déshonorer le commerce, se livrent encore à des spéculations criminelles ; ils croient ne braver que la honte d'un délit ordinaire ; mais tout le poids de la force publique fondra sur eux, et leur apprendra que dans des circonstances où la nation emploie pour sa défense, dans une guerre sans exemple,

D

l'interdiction de tous rapports commerciaux avec l'ennemi , la violation de ces dispositions est une déclaration hostile, une véritable alliance avec ce même ennemi ; que dès-lors tout contrebandier renonce au bénéfice des lois de la cité, pour n'être soumis qu'aux lois de la guerre, et qu'il doit redouter l'application terrible et rapide de ces lois, qui autorisent l'invasion de sa fortune et la punition de sa personne.

Le Gouvernement, pénétré de la situation du commerce français, a cherché à adoucir ses maux, à pourvoir à ses besoins.

Au dehors, un traité avec le royaume d'Italie ménage à la France tous les avantages qui étaient compatibles avec une justice réciproque. Dans l'intérieur, différentes sommes ont été prêtées à des manufacturiers et à des propriétaires de denrées que les événemens tenaient ou jetaient dans la gêne.

La caisse d'amortissement s'est intéressée dans les armemens en aventuriers.

Une loi a limité le taux de l'intérêt de l'argent ; des comptoirs créés à Lyon et à Rouen préludent à un grand système de facilité dans la circulation des valeurs commerciales et du numéraire.

La bourse et le tribunal de commerce de Paris voient s'élever pour eux un palais imposant dans l'emplacement des Filles-Saint-Thomas.

Conformément au nouveau Code, une organisation des tribunaux de commerce de l'Empire se prépare ; les préfets, les cours d'appel, ont été consultés sur le placement définitif de ces tribunaux et sur leur nombre ; sur celui des juges et des suppléans. Un projet général est soumis à la discussion du Conseil d'état, et à la sanction de SA MAJESTÉ.

AGRICULTURE.

Les préfets, les cours d'appel et des membres des conseils

généraux de département, formés en commission, sont aussi appelés à donner leur avis sur un projet du plus grand intérêt, celui du Code rural , si important pour la prospérité de l'agriculture, et si étroitement lié à la propriété foncière.

En attendant, une des principales améliorations que puisse recevoir l'agriculture, s'effectue journellement par la réorganisation des haras. Huit nouveaux dépôts d'étalons ont été formés cette année. Des primes accordées aux propriétaires des meilleurs chevaux amenés dans les foires, des prix décernés dans les courses départementales, sont autant de moyens de plus pour favoriser la production des espèces les plus distinguées.

Deux nouvelles bergeries ont été établies. Six cents mérinos, de la plus belle espèce, arrivent d'Espagne, et sont rendus en France, malgré les obstacles multipliés qui s'opposaient à leur passage. Ils seront partagés entre deux nouveaux établissemens encore en projet. La multiplication des troupeaux s'étend avec rapidité, et l'on peut regarder comme terminée l'heureuse révolution qui s'est introduite dans ce genre.

Puisse-t-il en être de même un jour de la culture du coton ! Malgré les contrariétés d'un printemps tardif et d'un automne assez froid , les essais tentés laissent subsister une partie des espérances que l'on avait conçues. On doit bien augurer des tentatives faites au sujet des sirops de raisin. La riche culture du tabac s'étend ; celui que l'on recueille dans les environs de Saint-Malo, égale en qualité les tabacs d'Amérique. La France pourra un jour, suivant les apparences, non-seulement tirer de son sol ce genre de production, mais en exporter chez ses voisins.

TRÉSOR PUBLIC ET FINANCES.

L'ordre et une bonne administration ont été maintenus dans toutes les parties. Le trésor public est soumis à la régularité la plus précise et la plus lumineuse ; il ne diffère d'une administration privée que par l'étendue des valeurs qui composent ses affaires.

Les finances ont été successivement amenées par l'Empereur à un état d'ordre et de prospérité inconnu dans les gouvernemens les mieux administrés. C'est un trophée élevé à d'immenses travaux, aux combinaisons les plus sages, et à la patience, qui a dévoré tant et de si arides détails. La nation recueille les fruits heureux de cette nouvelle espèce de conquête. Depuis qu'elle a généreusement consenti à l'établissement des contributions indirectes, les finances ont été réellement constituées, l'aisance s'est établie dans toutes les parties du service public.

Les finances, dans ces temps modernes, sont le moyen de la conservation des États et la mesure de leur stabilité ; si elles ne fournissent au Gouvernement que des ressources insuffisantes ou précaires, ou trop onéreuses, sa force s'affaisse, les individus s'épuisent ; et si la guerre ou d'autres infortunes viennent surprendre une nation dans cette position, il faut qu'elle souscrive à sa honte ou qu'elle souffre sa ruine.

Les finances d'un État ne sont essentiellement bonnes que lorsqu'elles sont dans l'indépendance des circonstances, lorsqu'elles peuvent se passer de la ressource désastreuse des emprunts, du recours à des contributions excessives ; lorsqu'enfin elles sont tellement liées avec la propriété en général, qu'elles n'en sont plus qu'une émanation directe : alors, seulement, elles sont fortes, durables, essentiellement nationales et suffisantes, si, sur-tout, elles ont reçu une organisation assez simple, pour qu'au moment même des besoins extraordinaires, toutes les propriétés et tous les individus puissent être appelés à y pourvoir dans des proportions régulières et fixées par avance.

Les efforts constans de Sa Majesté n'ont cessé de tendre à cet état parfait ; ils ont été couronnés par des succès décisifs, et les finances sont désormais préparées pour la paix et pour la guerre.

Pour la paix, 600 millions suffiront aux dépenses publiques et à de grandes améliorations. Les recettes, qui s'élèvent aujourd'hui à 800, seront donc réduites d'un quart.

Pour la guerre, point d'emprunts, point de création de contributions d'une espèce nouvelle, point de tentatives pour obtenir des ressources neuves toujours si incertaines. Les contributions seront ramenées au taux de guerre, c'est-à-dire, à 800 millions, et même élevées de 100 ou 150 millions, si la chose devient nécessaire, et cela par un simple tarif de quotité, qui rendra chaque citoyen juge de la part qui lui appartient dans la bonne ou la mauvaise fortune de l'État.

Remarquez, Messieurs, que cette simplicité n'a rien de commun avec celle si imprudemment proclamée, qui devait résulter d'une contribution unique; elle est, au contraire, fondée sur la conviction que les impôts doivent être variés, que nos lois de finances se sont approprié tous ceux qu'il était le plus convenable d'établir, et que tout ce qui était raisonnable est consommé.

Il reste seulement à terminer le cadastre, sans lequel le mouvement uniforme du tarif croissant ou décroissant des contributions manquerait de proportionnalité, et continuerait d'affecter les propriétaires des fonds actuellement surchargés : mais la confection de ce cadastre, qui doit effacer tant d'inégalités, réparer tant d'injustices involontaires et inévitables, se poursuit avec une constance telle, que ceux qui se refusaient à croire à la possibilité de cet œuvre immense, ne doutent plus aujourd'hui de son exécution.

Je ne dois pas omettre ici, Messieurs, la création de la Cour des comptes, à laquelle vous avez coopéré dans votre dernière session. Il fallait une institution nouvelle, une dans son objet, puissante dans son unité, présente à tous les dépositaires des deniers de l'État par la rapidité de son action, embrassant toutes les comptabilités qui se lient à la fortune publique; elle devait, par ses attributions et par le nombre de ses membres, être égale à tous les besoins, et répondre à tous les travaux qui lui seraient confiés. Les principes sur lesquels repose cet établissement, le choix de ses membres, la considération dont ils ont été entourés, tout garantit le succès que le Gouvernement s'est promis, celui d'une surveillance salutaire sur tous les comptables.

ADMINISTRATION DE LA GUERRE.

Les mêmes principes d'ordre, et des vues d'accélération dans le service, ont déterminé la création de la direction générale des vivres, dont les premiers essais justifient l'attente qu'on en avait conçue : cette administration met le service de la guerre dans l'indépendance des entrepreneurs, qui l'ont si souvent compromis, et réunit à cet avantage celui d'une économie sensible des fonds publics.

MARINE.

Quoique le Gouvernement ait borné pendant cette campagne les opérations maritimes, cependant une escadre armée à Toulon comme par enchantement, et conduite avec habileté, a su déjouer, par de savantes manœuvres, les combinaisons de l'ennemi, en approvisionnant Corfou pour plus de deux ans, en hommes, en artillerie, en munitions de guerre et de bouche. Après avoir par-là rendu inutile l'expédition dont était menacée cette barrière de l'Adriatique, la flotte de l'amiral Gantheaume a opéré heureusement son retour, malgré les difficultés d'une navigation orageuse, en affrontant toutes les tempêtes.

Les colonies ont été de même approvisionnées avec succès par des divisions de frégates et de corvettes qui, en remplissant un objet important, ont eu, comme l'escadre de Corfou, l'avantage de s'emparer d'un grand nombre de bâtimens ennemis richement chargés.

Dans l'Inde, des prises évaluées à 15 millions ont été le résultat des croisières de nos frégates; une seule y a succombé, mais après un combat glorieux contre des forces supérieures.

Nos corsaires, dans toutes les parties du monde, et sur-tout dans les mers de l'Inde et de la Guadeloupe, se sont montrés redoutables à l'ennemi.

Mais c'est moins par ce qu'elle a fait, que par ce qu'elle pourra faire avec le temps, que notre marine doit être envisagée.

Dix vaisseaux de ligne construits dans les chantiers d'Anvers, et armés depuis plusieurs mois, attendent leur destination.

La flottille de Boulogne, entretenue et équipée, est encore prête à entreprendre les opérations pour lesquelles elle fut créée.

Douze vaisseaux de ligne et autant de frégates ont été lancés depuis un an. Vingt-cinq autres vaisseaux et vingt frégates en construction attestent l'activité de nos chantiers.

Nos ports sont entretenus et réparés; la création de celui de Cherbourg avance de manière à promettre que son bassin pourra contenir des escadres avant deux campagnes.

La Spezia va devenir un second Toulon. La réunion à la France de presque tout le littoral de la Méditerranée, assure, pour nos arsenaux et nos équipages, des denrées, des bois et des hommes. Venise, Ancone, Naples, tous les moyens de la Hollande et de l'Italie sont en mouvement.

DE LA GUERRE ACTUELLE.

A l'époque de votre dernière session, Messieurs, tout se combinait pour délivrer l'Europe de ses longues agitations; mais l'ennemie du monde, l'Angleterre, répétait encore le cri de guerre perpétuelle, et la guerre continue! Quel en est donc le but? quelle en sera l'issue?

Le but de cette guerre est l'asservissement du monde par la possession exclusive des mers. Sans doute, en souscrivant des traités d'esclavage, déguisés sous le saint nom de paix, les peuples obtiendraient le repos ; mais ce honteux repos serait la mort. Dans cette alternative, le choix entre la soumission et la résistance ne sera pas douteux.

La guerre que l'Angleterre a provoquée, qu'elle continue avec tant d'orgueil et d'opiniâtreté, est la conclusion du système ambitieux qu'elle nourrit depuis deux siècles. Mêlée à la politique du continent, elle parvint à tenir l'Europe dans une perpétuelle agitation, en entretenant contre la France toutes les passions envieuses et jalouses. Elle voulait l'abaisser ou la détruire. En tenant sans cesse sous les armes les peuples du continent, en isolant ainsi les puissances maritimes, elle eut l'art de profiter des divisions qu'elle fomentait chez ses voisins, pour porter au loin ses conquêtes.

C'est ainsi qu'elle a étendu ses colonies et augmenté ses forces navales, et qu'à l'aide de ces forces elle croit pouvoir désormais jouir de son usurpation et s'arroger la possession exclusive des mers.

Mais, du moins, jusqu'à ces derniers temps, elle rendait quelques hommages passagers aux droits des nations ; elle semblait respecter le droit de ses alliés, et même, par des retours vers la paix, laisser respirer ses ennemis.

Ces ménagemens ont cessé de convenir au développement d'un système qu'elle ne peut plus, qu'elle ne veut plus dissimuler. Tout ce qui ne sert pas ses projets est son ennemi : l'abandon de son alliance est une cause de guerre, la neutralité est une révolte, et toutes les nations qui résistent à son joug sont soumises à ses impitoyables ravages.

On

On ne peut prévoir quelle aurait été la suite de tant d'audace, si la fortune de notre patrie n'avait suscité un homme supérieur qu'elle a destiné à repousser les maux dont l'Angleterre menace le monde.

Il eut constamment à combattre les alliés de cette puissance sur le continent, et à vaincre les ennemis renaissans qu'elle sut provoquer. Toujours attaqué, toujours menacé, il dut régler sa politique sur cette position, et sentit que pour conjurer cette lutte, il fallait augmenter nos forces et affaiblir celles de nos ennemis.

L'Empereur, toujours pacifique, mais toujours armé par la nécessité, n'ambitionnait pas l'agrandissement de l'Empire : la prudence seule dirigea ses vues. Il devait affranchir nos anciennes frontières du danger trop rapproché des attaques soudaines, et fonder leur sécurité sur des limites fortifiées par la nature; enfin, il devait, par des alliances, séparer tellement la France de ses rivaux, que l'aspect même d'un drapeau ennemi ne pût alarmer le territoire de l'Empire.

L'Angleterre vaincue dans des débats qu'elle a si souvent renouvelés, en profitait cependant pour accroître ses richesses par le monopole universel du commerce.

Elle avait appauvri ses alliés par les guerres dans lesquelles ils avaient combattu seuls pour ses intérêts : abandonnés au moment où leurs armes cessaient de les servir, leur sort lui devenait d'autant plus indifférent, qu'elle conservait avec eux des rapports commerciaux, même en continuant la guerre avec la France.

La France elle-même laissait aux Anglais l'espérance d'un honteux asservissement aux besoins de certains objets dont ils croient sa population généreuse incapable de supporter la privation. Ils ont pensé que, ne pouvant entamer le territoire de l'Empire par les armes, ils feraient pénétrer dans son sein un commerce devenu son plus dangereux ennemi, et dont l'admission aurait épuisé ses plus précieuses ressources.

Le génie et la prudence de l'EMPEREUR n'ont point méconnu ce danger; enveloppé des difficultés de la guerre continentale, il ne cessa point cependant de repousser de ses États le monopole du commerce anglais. Il a pu compléter depuis les mesures d'une résistance efficace.

On ne peut s'y tromper; depuis que les Anglais ont déclaré ce genre nouveau de guerre, tous les ports du continent sont bloqués, l'Océan est interdit à tout vaisseau neutre qui ne paiera pas au trésor britannique un tribut qu'il entend imposer à la population entière du globe.

A cette loi d'esclavage, les peuples ont répondu par des mesures de représailles, et par des vœux pour l'anéantissement d'une telle tyrannie.

La nation anglaise s'est isolée de toutes les autres nations : elle sera fixée dans cet état. Tous ses rapports sociaux avec le continent sont suspendus; elle est frappée de l'excommunication qu'elle a provoquée elle-même.

La guerre consiste dès-lors à repousser de toute part le commerce anglais, et à employer tous les moyens propres à soutenir cette mesure.

La France a concouru avec énergie à l'exclusion du monopole du commerce; elle s'est résignée à des privations que de longues habitudes ont dû rendre plus sensibles : quelques branches de son agriculture et de son industrie ont souffert et souffrent encore; mais la prospérité de la masse de la nation n'en a point été altérée; elle se familiarise avec cet état passager, dont elle entrevoit même la durée sans crainte.

Les alliés de la France et les États-Unis sacrifient comme elle, et avec une résolution aussi généreuse, leurs convenances particulières.

L'Angleterre touchait au moment où son exclusion du continent aurait été consommée ; mais elle a profité des dernières circonstances pour étendre sur l'Espagne le génie du mal, et pour agiter dans ce malheureux pays toutes les passions furieuses; elle a recherché des alliés jusque dans les suppôts de l'Inquisition et dans les plus barbares préjugés.

Malheureux peuple ! à qui confies-tu tes destinées ? Au contempteur de tes mœurs, à l'ennemi de ta religion, à celui qui, violant ses promesses, a élevé sur ton territoire un monument de son audace, affront dont l'impunité, depuis un siècle et demi, déposerait contre ton courage, si la faiblesse de ton gouvernement n'eût pas été seule coupable ! Tu t'allies avec les Anglais, qui tant de fois blessèrent ton orgueil et ton indépendance; qui, depuis si long-temps, envahissent par des violences ouvertes, et même au sein de la paix, le commerce de tes colonies; qui, pour t'intimer la défense de rester neutre, firent précéder leurs décrets par le pillage de tes trésors et le massacre de tes navigateurs; qui, enfin, ont couvert l'Europe de leur mépris pour leurs alliés et pour les promesses abusives qu'ils leur avaient faites ! Tu reviendras sans doute de ton égarement! tu gémiras alors des perfidies nouvelles qui te sont destinées; mais combien de sang et de larmes auront coulé avant ce retour tardif à la sagesse !

Les Anglais, jusque-là, absens des grands combats, tentent une nouvelle fortune sur le continent ; ils dégarnissent leur île, et laissent presque sans défense la Sicile, en présence d'un roi entreprenant et valeureux, qui commande une armée française, et qui vient de leur enlever la forte position de l'île de Caprée. Quel sera donc le fruit de leurs efforts ? Pourraient-ils espérer d'exclure les Français de l'Espagne et du Portugal? Le succès peut-il être douteux ? L'Empereur lui-même commandera ses invincibles légions. Quel présage nous offre l'héroïque armée de Portugal, qui, luttant contre des forces doubles, a su élever des trophées de victoire sur le terrain même où elle combattait avec tant de désavantage, et dicter les conditions d'une glorieuse retraite !

En préparant une nouvelle lutte contre notre seul ennemi, la sagesse de l'Empereur a fait tout ce qui était nécessaire pour le maintien de la paix sur le continent. Il doit y compter, sans doute, puisque l'Autriche, la seule puissance qui pourrait la troubler à l'avenir, a donné la plus forte assurance de ses dispositions, en rappelant de Londres son ambassadeur, et en cessant toute communication politique avec l'Angleterre.

Cependant l'Autriche avait récemment fait des armemens. Ils avaient lieu, sans doute, sans aucune intention hostile. La prudence néanmoins a dicté des mesures énergiques de précaution. Les armées d'Allemagne et d'Italie se fortifient des levées de la nouvelle conscription. Les troupes de la confédération du Rhin sont complètes, bien organisées et instruites.

Cent mille hommes de la grande armée quittent les États de Prusse pour occuper le camp de Boulogne, tandis que le Danemarck, désormais à l'abri de toute invasion anglaise, est évacué par nos troupes qui se centralisent. Avant la fin de janvier, les bataillons retirés pour l'Espagne, seront remplacés sur les bords de l'Elbe et du Rhin.

Ceux qui avaient quitté l'Italie l'année dernière, retournent à leur ancienne destination.

Telle est, Messieurs, la situation extérieure de la France.

Dans l'intérieur, le plus grand ordre dans toutes les parties de l'administration ; des améliorations importantes, un grand nombre d'institutions nouvelles, ont excité la reconnaissance des peuples.

La création des titres de noblesse a environné le trône d'une nouvelle splendeur : elle fait naître dans tous les cœurs une louable émulation ; elle perpétuera le souvenir des plus illustres services payés du prix le plus honorable.

Le clergé s'est signalé par son amour pour sa patrie, pour son Souverain, et pour ses devoirs. Hommage aux ministres des autels qui honorent la religion par un dévouement si pur et des vertus si désintéressées !

Par-tout les fonctionnaires de toutes les classes secondent de leurs efforts les vues du Monarque ; les peuples, par leur empressement, facilitent l'action de l'autorité ; et par la manifestation des sentimens les plus affectueux, exaltent le courage et l'ardeur des troupes.

Militaires, magistrats, citoyens, tous n'ont qu'un but, le service de l'État ; qu'un sentiment, celui de l'admiration pour le Souverain ; qu'un desir, celui de voir le Ciel veiller sur ses jours : trop juste récompense d'un Monarque qui n'a d'autre pensée et d'autre ambition que celles du bonheur et de la gloire de la nation française.

IMPRIMÉ

Par les soins de J. J. MARCEL, Directeur général de l'Imprimerie impériale, Membre de la Légion d'honneur.